Gewichte aus der Zwischenwelt

Wintergedichte - Nachtgedichte 2008-2012

Uwe Kraus

Uwe Kraus, geboren am 17.02.1979 in Kaiserslautern, veröffentlicht nun sein sechstes Buch. Einen Gedichtband der Zwischenwelten. Die Gedichte stammen aus dem Zeitraum 2008 – 2012. Kraus veröffentlichte zuvor vier Gedichtbände und eine Erzählung

Kraus schreibt seit 2000 Lyrik, Gedichte und auch Prosa. Seine ersten Versuche findet man auf seiner Autorenhomepage www.uwekraus.com

Auch veröffentlichte Kraus in Zeitschriften und Anthologien. Er ist Mitglied im Verband deutscher Schriftsteller, sowie des literarischen Vereins Rheinlandpfalz und der Autorengruppe Kaiserslautern.

Seine ersten Werke: „Der Stern des Lebenssinnes" veröffentlicht 2001 bei BOD, sowie die weiteren BOD Titel „Fußball ist unser Leben" 2007 und „Liebe/gedichte" 2008, ein Querschnitt seines Schaffens von 2000 – 2008,

zeigen seinen Ursprung und seine
Vielfältigkeit.

Bei dem in Saarbrücken ansässigen
Conte Verlag veröffentlichte Kraus
zudem den Gedichtband
„Fernwehpassagen" 2009 , sowie die
Erzählung „Brainspotting" 2010, seine
Autobiographie, ein doch lyrisches
Roadmovie.

Neuauflage 21.10.2017

Novivitalis Verlag No. 6

Verlag und Herstellung
Books on Demand GmbH Norderstedt
ISBN: 9783848203703
Uwe Kraus © 2012

Bestimme

wann und wo
Dein Leben beginnt
verrinnt

oder neu erwächst
im Brustkorb
der alte Kasten

der tickt bombenartig
in die Nacht hinein
lebe.. oder Du wirst gelebt

22:09 Uhr

zweite Bombe
im Zwerchfell
bei den Engeln

im Leibe der Weise
explodiert
wie der
der mit dem Hammer fantasiert

Childe

wehrlose Gegensätze
treffen verspielt
veräthert in die Nacht
ewig wird wahres verzeichnet

der Mond hält ab
vom Kindsein
seht:
es wird vollbracht

liebe Müh
für ein aufbrechendes Leben
in leidenschaftlicher Freud

wer verfolgt die Mäander
aller Reumut
und Lichtaufgänge
zur Mitternacht

rhythmische Bilder:

lies oder Du wirst gelesen

Torgue

Fantastik-
differenzierte Worte
im Wechselstrom
ich finde
befinde mich schuldig
ich nimmer zu lesen beginne

Kalteis
kalter Greifer
bionischer Helfer
ich bin sterblich
das geb ich zu
schreib immerwährend und lebendig

ich halte die Lyrik aufrecht

das Lied geht aus/gedacht zu End

n.immermehr
rief ich in die Dunkelheit

ich werde wi.e.dergeboren
seht das Schilf
das hohe Gras der Heimat
der Abweg vom Abraum: haltet mit mir

Limped

das grüne Intervall
der Wälder
vorbeifliegende Felder

ab und zu ein Betonklotz am
Straßenrand

dort ist der Nabel der Welt
ein Steinwurf entfernt von der Sehnsucht

hier kommen Dimensionen zustande

anfangs der Straßen
Windräder
Basalt ein Steinbruch
abgehärteter Stahl unter der Nacht

eine Laterne die nicht funktioniert

ich erfahre mehr über mich
in meinen Träumen
doch wohl
verändern sich die Bebilderung
und der fixe Ton unter den greisen
Zellen

ich s.t.ehe auf um zu gehen
mit dem Lichtschwert
durch die finstren Gassen

ich wanke zurück
und öffne die Haustüre
ab Morgen
und verschachtele meinen Tablettenblick
im Schlüsselloch
meiner Wohnung

Turn the Page

dreh das Blatt
und falte es geradlinig
rechtwinklig
mach aus ihm Flügel im Frühling

heize den Winter
und verdrehe

vertreibe Zeit

mit dem Typenrad..

denkt nur
woher oder womit
man die Worte verfängt
in sich drängt
und zu ihnen steht -
merkwürdig

kann man vertreiben das Laster
an der Maschine
ohne Schleifpapier
und Spritzpistole
in dieser Welt?

Scherenengel

Lichtfetzen im Himmel
und liebende Formulierungen
ich werde erwartet

dort steht das Tor offen
und führt zu einem Garten

hier will ich hängen den Raureif
von meinen vermalten Fingern
und hier will ich einkehren
in die Stube
die mir die Liebe entgegen trägt
in die Mäander der Träume.

einsam steht ein Baum in der Schneise

ich verwalte meine Dokumente
und zerstreue meine eigene Einkehr

ich fange an zu tanzen
und Lieder zu singen
in Schwerenot und dunklem Tod

lieber greiser Vater
verliere Dich nicht in mir

vergebe den Rausch der Gedanken
und verschachtele meine Intelligenz
in sicheren Schubladen

kann sein dass ich immer nur
an dich glaubte im falschen Moment
ich lebte mit sandigen Papieren
hinter dem Mond
und schliff die Kotflügel
und narbte die Schalenhaut des Klarlacks

v.erinnere Dich mir
und v.ergebe
verimmer mich
und ver.änder mich

und dann
wird alles besser und begabter wirken
als jemals zuvor

Traumdeuter

Nebel ziehen durch den Geisterhain
dort wo die Gestade still stehen
im Wortlaut und ihrer Gefilde

kein leises Wort kommt mir über die
Lippen
sie sind zusammengepresst
im leuchtenden Wegstück

ich habe Zeit zu schreiben
bekenne ich
ich bin noch jung

Garbages

Tageslast
verteilt auf meiner Schulter
im Allkreis

ich vergesse nie zu leben
ich bin
ein Poltergeist

und klopfe an die Pforte
die oben auf mich wartet

durchdringe mich
geh auf mich zu
trage der Weisung

Sorge bei
so nimm meine Schuld
nimm meinen Atem

und gründe mich neu
erzähle durch mich
und spare nicht

das Licht.
spare nimmer zwischen mir

da oben ist´s kalt

und aufgewärmt
wird der Schnee
vor dem man grübelt

singe ein Lied für mich
Du wirst geholfen
im Nebel

zieh mich zu
wie eine Decke
unter der man liegt

und v.erinnere das Gold
der Pausen
der Spannung

Jeder Meter

den ich gehe
geh ich nicht allein
es folgt der Schatten mir -
und Dir

doch dann verschwimmt das Signal
der tonlose Pfiff

einer zweisamen Verätherung
unserer Lust
und leis
das Lied

kein Geklimper für das kleine
Schweigen

keine Masse leer geträumte Tage
wehrlose verarbeitete Miniaturen
im weltlichen Glanz

der Trümmerbruch
und das Zahnweh
im Hals steckt
der Knoten der Zunge
wie die Gefahr einhergeht zu Atmen

Drake

der Drachenkopf
glänzte im Morgenschein
der liebenden Wonne
meiner Kleinigkeiten -

ich war klein
und dämonisch
auch war ich
gemütlich in mir/ mit mir

vergaß zu atmen
wurde veratmet
von meinen beiden Herzen
ohne krauses Wolkenmeer

Tränenflocke

wie eine Wimper
fiel Dein Herz in meines

die beiden kosten und küssten sich

ich wurde mehrdeutiger
dann verschwand die Nacht
in einer Träne
der Sternlein

die über uns wachten
und neugierig
lachtest Du mich an
um Dich abzudrehen
und aufzustehen

ich fing an zu frieren
und meine Lippen
wurden blau vom Frost

doch nur gelogen
bin ich
der Dieb

lass Dich fallen zu mir

ich schwebe ohne Dich
mit leuchtenden Augen
zum Schnee der da atmet
im Rhythmus meiner Ideen

Mars

der Allkreis
ein ewiger Weg
in die Finsternis

leis rieselt Schnee
aus dem Universum
und keiner ruft

meinen Namen.
in dieser Welt
wird nichts eigen

der Schmutz rinnt
von vornherein
in das Brackwasser

es gibt keine sanften Töne
Lieder oder messbaren
Temperaturschwankungen

wir leben
auf diesem Planeten
und rätseln

wo da droben

der geistige Himmel beginnt
was aus unseren Seelen wird

und wie wir wieder
oder länger leben werden
es ist unglücklich

die Zeit aufzuhalten
es ist
Zeit und Macht in dieser Vergänglichkeit

immer trägt der Geist
die Notizen mit sich
wie wann oder wo

unser Leben weitergeht
doch nur das lange Sterben
wird ewig zu ende gehen

Love fornever

warum denk
ich bloß nie wieder
an Dich

muss man nicht.
kann vergessen
oder vermessen das Licht

vergiss was ich denke
alles ist vorüber
auf dem Spielplatz der Eitelkeiten

Links

ist das Herz
und links der Vers.stand

mit der rechten Tatze
schreibt sich
das Leben
vorwärts
für Gedichte
und hellere Gedanken

die aus meinen Ideen brechen wie
Schwermetall
bei dem Lackieren

denk schwer
und schwerelos

wo bist Du
wo ich

es keimt das Frühjahr

Dämon

wer bist Du
in Dir

oder weg von mir

wo bist du nur
-Finsternis
holder Klang
des Silbenrätsels

lebe extraterrestrisch

bleibe bei mir
oder verschwende mich

Devil

bunter Falter
weggedrückt
in der Finsternis
die apokalyptischen Felder
brennen
im Morgenrot
und die Glut der Sonne
bringt mich zum Leuchten
ich spüre Dich
nah bei mir in der Hitze
der Höllenpforten
dort wo alles begann
ich steh zwischen Matrizen
der Lichtbrücken
ich schwebe mit meinen Augen
zu Dir
immer-
doch fort ist das dunkle Kleid
das den Mond färbte
wo ist mein Teufel
wo bist Du in mir
und drehst Dich ab
in Deiner verfallenen Seele

Uwe

Lifely

leb
wenigstens
existent

in der Sperre des Raumes
unter dem Bezirk
der Rosenblüten

da bleibt der Rivale
ein leiser Verräter
der mich vergaß

in der Entwicklung
im Rhythmus
der Ballade der Nacht

Daystream

Tagträumer
verpflanzte Botschaften

der Boogie der Nacht

ein Gefälle
ohne Aufhalt

es gefällt
doch wohl der Traumdeuter

der in der Erinnerung versinkt
im Lebewohl

der erinnerten Göttin
so lange schon

Roboter

grabe Dich
in mich
und senke mich zu Dir

und glaube mir

dass alles neu wird
was alt war

A little bit

gib Dich hin
oder dreh Dich weg

oder komm zurück
dann bleibe

oder verdrehe mich
verschwende

veratme meine Gedichte
Du bist nimmer hier oder dort

das weiß mein Herz
es verfällt in Deines

wie ein Synonym
gehören die Gedanken

zum Leben.
wie wenn alles vergessen wär

Liquid

weit in die Nacht geträumt
die Gedanken
vorm leeren Blatt gedreht
die Ewu»lution
die ich schrieb
Deine Gedichte
die ich nimmer veröffentliche

alles scheint sich abzudrehen
in die Nacht

versteck Dich
in mir
die Geister der Dichtung
sie gehen hinfort

wie der reglose Beobachter
die Worte formt
in der zweigleisigen Dämonie

First of the Next

es begab sich
vielleicht vor langer
grauer trüber Zeit
als die Gedichte entstanden

sie waren gefüllt nicht grob
oder verletzlich
sie waren genährt
aus dem holden Wort der Liebe

erst waren die biblischen Gärten
und Adam und Eva
auch sie begannen
zu dichten

Worte zu klauben
und zu reimen
oder zu verdichten
doch dann entstand

die Dunkelheit
im Paradies als
Kain Abel erschlug
und leise verklingt

mein Lied
in der Dämmerung
ich kann nur dichten
mehr nicht

schrieb ich
auf Sand
und mehlig erklang
die Geschichte

bevor sie ein Märchen wurde

Trapez

die Geometrie
der Halluzinogene

eine Gabe der Sinne
des Begreifens

zwischen nah
und näher

wird alles größer
als die Wirklichkeit

oder ...
unvollendet

bleibt meine Stimme
erhalten mir

durch die Gabelung
der Wortbausteine

Licht aus

der Tag vergeht
Stunde um Stunde

Lichtschwaden
verlieren ihre Kraft

irgendwo beginnen
Straßenlaternen zu glimmen

hier ist man zu Haus
weit weg von poetischer Norm

dort wo alles begann
und auch enden wird

ich fühle mich wohl hier
nahe der Autobahn

weiß nicht warum
aber der Minutenzeiger

erquickt im Glockengeläut
ich bekomme Gänsehaut

es war Weihnacht

das Jahr beginnt

und alles was nicht
verwaschen ist

wird heil
oder?

Tripp

das Dach der Trabanten
schwereloser Traum
im Minutentakt
der Uhr.

Sterne ziehen auf
in der Mondphase
der Mitternachtsschwur
oder wo ist die Gerechtigkeit

ich verliere mich
in Dir
und mir
wenn ja wenn der Tag beginnt

Elefant

ein Riese
ist die Nacht
schlaflos
und durch Sterne beschienen
das Haus der Göttin

trage mich zu ihr
webe mich
und binde
mich an Dich
und nimm mich jetzt

denn alles was alt
wird neu
wie der Bruder der Sehnsucht heißt
und Deine Brüste liebkost
und Dich trägt durch die Zeilen der
Nacht

Titan

Nachts im stillen Leben
wenn der Tag endet
und die Träume sich verweben
will ich
wie ein Komet
in Dich stürzen
und dich doch mit Glück beleben

ich will Dich
so fest an mich drücken
Dich erleben wie ein Gott
mit Dir doch göttlich sein
im Unendlichen Dich fühlen
wie ein heilger Bote
mag ich spüren Dich und mit Dir sein

Ruh

ist um mich
Stille Dürre
geblendetes Eis
ein Kreis
polarisiert sich
aus Feuer in Deinen Gehirnhälften
Trauer.
Dauer
unüberschaubare Schwere
des Lebensmutes
trist fressen die Gehirnzellen
die Blutkörper
und stehlen im Morgenschein
den Beginn
der Hetze des Tages

Der Tag

die Nacht stundet Gefallen
.

bleibt alles versteckt
ohne Müh

die Nacht stundest Du nicht
Dein sehnen
durch Zeit und Traum gefangen
oder begräbst Du die Ehrfurcht vor dem
Gewitter

ich wandere leise
den Morgen entlang
im Scheiden der Tränen
wer bin ich?

reudig
wie das Wetter
um uns anfängt zu tanzen
im Wortbruch

Zeilenklamm

alles so kalt
die Buchstaben
der Geruch des Farbbandes
entworren die Matrizen
blind die Finger tippen
im Nachhall
der sirrenden Maschine
alles verspiegelt sich unter der Last der
Gedanken
im Festhalten von Zeile zu Zeile

Nacht

überm Eis
Land auf Land ab
schliert sich der Regen voran
ich seh den Tropfen zu
wie sie fallen
wie Blätter
aus der Maschine
am Ende
der lange Tag
zum Nichts
im Universum

Herz in der Höh

gemalmte Buchstaben
Gebete der Untreue
im Morgenschein
wie im Winter
kommt der Schnee aus dem Gipfel
die Seen verfroren
die Eisblumen
auf dem Weg zur Grundschule.

Das Bild des He man Comic
das ich in mein Album klebte.

da war ich klein und glücklich

nunmehr Jahre später erinnere ich mich
fast wie allezeit
die Fasson der leisen Buchstaben

die tippen sich vorwärts.

Kurze Passage

aufgegangener Mond
untergehende Sonne
oben stählt sich das Geheimnis
des Todes

und der Wiederkunft aller Ehrlichkeit

dem er gibt
dem er nimmt

dann dreht sich das Bild der Wandlung

nimm meine Kindheit von mir
und gib meine Narben und Schmisse mir
selber hin

Unendliche Geschichte

sieh die Morla Großmutter
es wär meine Oma
würde sie leben
und ich mich nimmer im Buch
verlaufen..

dann starb sie
und mit ihr die Erfüllung der Wünsche

Alles

narbt der Tod weg
die Unsterblichkeit

die kosmischen Wellen
sogar die Erinnerung.

sieh doch ein
die Neuronen sind die Metaphern

auch wenn du dein Hirn verschlossen
hast
lass dir den Schlüssel geben

dann tippt es
sich einfacher..

Adrenalin

fragil ist das Wetter
mein Herz
und die Geschichte
um mich herum tonlos

ich verschachtele mich
in einer Ballade Stings
und überlege
warum das immer nach Regenwald
klingt

wenn der Song beginnt
weiß ich die Bombe tickt
am Äquator
wo sonst

Edition.

Herz an K.l.opf

liebe mit dem H.erz
dann schaltet der Vers aus
im Mittelpunkt der Zeile

die bleibt leer wen.n man liebt.

Dann braucht man keinen Kasten
der einem das l.i.eben schwerer macht

post box.

Leis ganz still
wenn der Mond aufgeht
und der Sand der Uhr verrinnt
zwischen der Metrik
und dem Herzgeflüster
öffnet sich der alte Kasten
und ruft und schlägt
doch Du hörst nicht den Ruf
der nur Dir gilt
im e mail postfach meines computers

schreib zurück..

Message 3

was kann ich dafür
ich wusste nichts von alldem
als ich den Schutt und Schotter
von den Gleisen kratzte.

Da sah ich Dich auf den Schienen
wie einen Engel schweben

da kam der Zug angeschossen
ich stieß die Schaufel hinfort
und rettete Dich
und stieß mich vom Gleis mit Dir
knapp kam der Pfiff
als der große Kasten
an uns vorbei schwebte

in der Vermittlung
wäre ein Kuss das Maß aller Dinge
doch fort warst Du mir entglitten -

dann schippte ich wieder
und leis rief mich der Wecker

das Wort blieb in der Ewigkeit
gesprochen..

pupil

lerne das Schreiben
durch Dein Leben -
versteh nur verrate mir
entscheide Dich:
wer schreibt
links das Herz oder rechts der Vers

nimm hin und erzähl
erzähle mir
warum oder worüber
Du reden magst.
Kann sein Du mein Lehrer / ICH /
entrüste Deine Texte im Sand
der geriebenen Blätter
fällt leicht mir auf das Gedicht...

wie schön Du bist!

Standard

steh bei mir
doch will nicht
verlieren Dich
das Morgenlicht

ich verdrehe mich
und veräthere uns
in einem Gedichtband
den nur Du schmückst durch Zeichen

es rätselt der Vers
um seiner Entstehung willen
wo kannst Du nur kaufen dies Buch
wer verrät Dir warum nur
es entstand
wenn Du singst mitten den Zeilen

Bruch und Brüche machst Du
zwischen den Poemen
die nur Du schreibst im Licht
nur für mich

Text

vergessen das Leben
abgeschaltet
und verwaltet
in den Knoten der Herzzunge

Liebste glaube mir
ich will nicht fühlen
wir werden uns zusammenfügen
zwischen den Bettlaken

und droben
wird ein Schein
ein Stern für Dich und mich strahlen.
Leise

knistert er
wie trübe Glühbirnen
ich schreibe für Dich
und mich

die Zukunft ruft
und weckt
die Fantasie
zwischen den Buchdeckeln

Brave

die Welle erfasste uns
in der Nacht
in der die Sternlein schienen
und hier und dort
funkelten
die Straßenlaternen
in der Dunkelheit

das Bett ist gemacht
und steht
in der Herzwand in meinem Buch
im dritten Stock
und wartet dass Du dich in diesem Text
verlierst
oder der Gabe
anders zu sein

ebenso wie ich
für Dich mit Worten
Blumen male
damit Du sie pflückst
und an Dich drückst
komm in meine Sphären
es wartet jemand auf Dich

Tollkraut

Heilkraut
aus der Erde geschossen
die Wurzel im Himmelreich
die Vergiftete im Rausch
der Schergen

wohin soll ich führen Dich
wenn nicht zum Licht so klar
da hilft nimmer
das Kampfkraut
die Lungenflügel

veratmet
im Blechkasten
des Roboters
der ich wäre
wenn ich D.ich
niemals hätte

Letzte Erinnerungslücke

ich schal und scholl
ich schwamm
im Meer der Botschaften

nirgends ist es schön
wie ich verliere
verdrehe verheddere

es singen Elben und Elfen
Im monotonen Hauch
der Blüten

kann nimmer verstehen
oder wegrücken
und verdrücken

ich bin eifrig auf diese Welt gekommen
um dies Land zu hegen
auch wollt ich schreien

denn immer noch begreife
ich nicht worüber
die hinter mir wispern

die Nirgendworosen

sprechen ohne zu tun
rückwärts

ich bin.
und Du-
wer bist Du

wann kommst Du
woher
mit wem

ich würde alles verstehen
wenn es dafür etwas gäbe
Krach: ein Baum fällt im Sturm

warum nur verlassen
die Gefühle mich
Andernorts…

Erinnerungsstücke
---lücke
Dementia

crazy

womit beginnt
der Tag die Flut der Informationen
und dreht sich
wie ein Freigeist um die Sonne

ich beschreibe die Luft
die ich schmecke
sie ist harzig
ebenso begreif ich

die Musik in mir zu erinnern
sie spürt mich
sie öffnet das Ohr
und tropft wie ein lecker Wasserhahn

in meine Gedanken
die sich so sehr veräthern
dass ich nimmer schmecken will
den geriebenen Schutt der Seele

ich beginne in mich
von vorne vollkommen...
ich irre durch Zeilen
wie ohne Kompass

zu finden das Lichtland
In meteorhafter
Sinngebung
Atme, atme..

Kaugummi

ich lebe
extraterrestrisch
wie ein Alien
überfalle ich
diese Welt
es kommt doch der Heiland
der Euch vor mir rettet

ich fresse und beiße
und kaue den Holm der Bäume

doch auch das
Honigblütenmeer
ist mir nicht
fremd

von dort komme ich

von dort geh ich

in diese Zeit
und erlebe eine Erde
der Zerstörung
ein Niedergang

eine Welle
der Ehrfurcht
schießt
wie eine Flut

aus Euren Mündern

ich sehe ich seh

euch wandeln
träumerisch
nicht vergilbt
nicht heuchlerisch
ich werde zur letzten Instanz
der Menschheit
wenn man mich lässt

kann keiner mich
ändern
mit dem Lot mein
Leben vermessen

mein
Leben ist irr
und wirr

auch brutal

nicht dementiell
aber immerhin

ich muss diesen
Weg zu Ende gehen

doch finster ist
der Geschmack
des Weihwassers

ich werde sterben
wie einst
die Richter
und Retter

ich habe es euch gesagt

geht diesen Weg nicht weiter

in diesem Sturm

Uwe Kraus Kaiserslautern Eselsfürth

Inhalt